Vive la vie... EN FAMILLE

VOLUME 2

Maman j'ai peur, chéri je m'inquiète

L'anxiété chez les enfants, les adolescents et les adultes

Ne jamais écrire dans les documents ni les découper

Les Éditions
LA PRESSE

Remerciements

La première personne que je tiens à remercier, c'est Sébastien, mon conjoint. Il me soutient durant mes nombreuses heures de travail. Il pourrait presque devenir lui-même psychologue à force de lire tout ce que j'écris et de m'entendre tous les jours parler de ma passion pour mon métier. Il ne cesse jamais de m'encourager et de me motiver dans mes moments de fatigue. Si je peux travailler autant à aider les parents, c'est en grande partie grâce à lui!

Ma belle-fille Laurence, petit rayon de soleil que j'adore, me donne le goût d'être mère et m'apporte, bien au-delà de la théorie, une idée plus concrète des implications d'être parent ou beau-parent aujour-d'hui. Elle est la meilleure d'entre tous pour me convaincre de mettre le travail de côté un moment pour retrouver le plaisir de jouer!

Mon père est probablement la personne la plus fière de moi. Étant enseignant, il m'a transmis le goût de vulgariser et d'expliquer les choses de façon claire, simple et accessible. Il m'a également transmis sa façon imagée d'expliquer des choses parfois bien compliquées. Si je peux faire ce travail aujourd'hui, c'est parce qu'il m'a encouragée tout au long du parcours qui mène à la profession de psychologue.

Mes beaux-parents m'encouragent beaucoup et m'ont aidée à trouver un titre pour la présente collection.

Mes amis de longue date, qui se reconnaîtront, croient en moi, et me laissent toujours travailler un peu plus que la moyenne sans rouspéter contre mes manques de disponibilité. Eux aussi parviennent presque aussi bien que Laurence à m'intéresser à d'autres sujets que la psycho…

Dominique, mon associée et agente qui me guide si bien dans ma nouvelle carrière de communicatrice et qui ne pouvait pas arriver plus à point dans ma vie!

Martin et Martine, les éditeurs qui ont cru en ce projet, m'ont guidée dans ce nouveau rôle d'auteure. Ils m'ont fait confiance et m'ont donné confiance…

Mes professeurs et mes mentors qui ont participé à ma formation en psychologie et m'ont aidée à devenir la psychologue que je suis devenue : Claude, Raymond, Debbie, monsieur Guirguis, Françoys… il y a un peu de chacun d'eux dans tous les conseils que je vous donne à vous, les parents!

Enfin, les gens clés autour de l'émission *D^re Nadia, psychologue à domicile* – Jean-Carl, Pierre-Louis, Jano, Micheline, Monique, Anouck, Caroline, Pierre, Jonathan, Martin, Guy, Jean-Jacques, Édouard, Paul, Nathalie, Véronique, Line et Line – qui m'ont tous appris un second métier, celui de la communication. Ils ont su m'aider à surmonter mon manque d'expérience, mes incertitudes et mes doutes en me donnant confiance en moi. Faire cette émission m'a procuré un sentiment de crédibilité sans lequel je ne suis pas certaine que j'aurais osé m'embarquer dans cette grande aventure que représente la collection *Vive la vie… en famille*.

À tout ce beau monde… un grand *merci!*

Avant-propos

Faire l'amour et avoir un enfant, c'est très facile... C'est d'éduquer l'enfant tout en l'aimant de façon inconditionnelle qui représente un véritable défi. Pour certains, l'aventure ne comporte pas trop d'obstacles, pour d'autres c'est une suite de moments positifs et de moments de crises... Même pour ceux qui ne vivent pas trop d'embûches, être parent aujourd'hui n'est pas facile. Ça donne parfois le vertige en plus de soulever quelques doutes sur soi et sur sa façon de faire.

Le contexte de la vie familiale a beaucoup changé. Les deux parents travaillent, les enfants vont à la garderie, les parents se séparent et les familles se reconstituent. L'évolution technologique génère une certaine anxiété de performance chez plusieurs d'entre nous, car nous devons tout faire plus vite. Elle soulève également des dilemmes et des questionnements par rapport à l'éducation de nos enfants : Internet, téléphone cellulaire, jeux vidéo...

Cette collection ne se veut pas un mode d'emploi de la réussite familiale... Cela ne pourra jamais exister, car tous les enfants et tous les parents sont différents. Cet outil n'a pas pour but de donner des réponses toutes faites, mais plutôt de fournir des pistes de réflexion et de vous donner une meilleure confiance en votre jugement de parent. Évidemment, les connaissances scientifiques en psychologie comportementale y seront mises à profit, car certaines techniques sont, selon moi, vraiment très efficaces! Mais, il y a toujours des exceptions à la règle... des familles pour qui les stratégies proposées ne fonctionneront pas à 100 %. Pour ces gens, des pistes de questionnement, de réflexion ainsi que des ressources supplémentaires seront proposées afin de répondre à leur besoin particulier.

Malgré toutes les années que j'ai passées à étudier la psychologie, je crois toujours que chaque parent est l'expert de SON enfant. Les psychologues eux, connaissent bien les enfants en général, ce que la documentation scientifique nous apprend sur le développement de l'enfant et sur les différents troubles psychologiques qui peuvent affecter certains d'entre eux... mais chaque enfant est unique!

La preuve, c'est qu'après plusieurs années à pratiquer la psychologie auprès d'une clientèle d'enfants et d'adolescents, ils m'étonnent toujours et je n'ai pas encore de sentiment de routine. Quand les psychologues tendent la main aux parents et que ces derniers sont ouverts et motivés à recevoir des informations sur le développement de l'enfant, c'est à ce moment que les petits miracles sont possibles!

Pourquoi une collection? Parce que rares sont les parents d'aujourd'hui qui ont le temps de lire une bible de 900 pages sur l'éducation des enfants. Mon but est de permettre à chaque parent d'aller chercher les outils qui le concernent le plus. Et puis, je me dois d'être honnête, cette formule me permet également de prendre le temps nécessaire pour me pencher sur chaque sujet en me demandant quelles informations aideraient VRAIMENT les parents!

Ma personnalité et la façon dont j'aborde naturellement les problèmes de la vie font en sorte que les livres de cette collection sont écrits sur un ton légèrement humoristique. Cette attitude permet de dédramatiser la détresse que peuvent vivre certains parents, sans pour autant la banaliser, puisque si je mets un tel effort à tenter d'aider les parents, c'est bien parce que je les prends au sérieux... De plus, le rire est un bon remède, il permet de prendre du recul par rapport à notre situation et même parfois de mieux voir les solutions possibles. Il faut accepter que tout le monde fait des erreurs, y compris soi-même, et en rire, ça veut dire les reconnaître, les accepter et être prêt à se retrousser les manches pour les réparer.

Bonne lecture et surtout, aimez vos enfants!

D^{re} Nadia Gagnier
Psychologue

:: Table des matières

CHAPITRE 1

Maman! Papa! J'ai peur…

Maman, j'ai peur! Plusieurs parents sont confrontés aux peurs irraisonnées de leurs enfants : peur des insectes, peur de l'eau, peur des voleurs, peur des monstres sous le lit, peur de se séparer de papa ou de maman, peur de ne pas réussir à l'école… Beaucoup de parents aussi ont des peurs, des inquiétudes ou des pensées catastrophiques! Difficile de savoir quoi faire par rapport à ces peurs.

Beaucoup de parents auront tendance à surprotéger leur enfant…

… tandis que d'autres auront plutôt tendance à vouloir faire en sorte que leur enfant affronte ses peurs.

Y'a rien là!

De plus, dans une même famille, deux enfants peuvent être différents, l'un peureux et l'autre téméraire… Prenez par exemple une famille de quatre, deux parents et deux enfants, qui va faire du ski alpin. Alexis, 10 ans, regarde les pentes en tremblant, il a peur de se faire mal, il a peur que les autres rient de lui s'il tombe. De son côté, son frère Jérôme, 5 ans, se dirige d'un pas sûr vers le télésiège et regarde le *snow park* en s'imaginant faire de belles acrobaties. Déjà, on voit que même s'ils font partie de la même famille, même s'ils partagent certains gènes et qu'ils ont reçu sensiblement la même éducation (parce qu'ils ont les mêmes parents), Alexis a une petite tendance à s'inquiéter, tandis que Jérôme est plutôt sûr de lui… peut-être même téméraire!

Les deux parents aussi peuvent avoir des attitudes complètement différentes par rapport aux comportements de leurs enfants. Papa est complètement découragé devant l'attitude de « poule mouillée » d'Alexis. Il veut casser cette mauvaise attitude chez son garçon et lui donner confiance en lui. D'ailleurs, papa a lu quelque part qu'il est sain d'affronter ses peurs. Le voilà donc qui amène son fils sur une piste d'experts en dédramatisant la situation. Il regarde Alexis qui est tout hésitant et lui dit : « Ben voyons mon grand, y'a rien là! » Maman n'approuve pas la technique utilisée par papa car elle est elle-même trrrrrrès prudente en ski. Elle a longtemps hésité avant d'accepter d'acheter un équipement de ski aux enfants. « Et s'ils se perdaient… et s'ils se blessaient? » Voyant papa mettre de la pression sur Alexis, maman s'avance d'un pas décidé. Elle prend Alexis par le bras et lui dit : « Tu vas te rompre le cou sur cette piste! Viens mon pauvre p'tit chou, nous allons commencer à ton niveau! » Et la voilà qui se dirige avec Alexis vers la piste des bouts de chou. La moyenne d'âge sur cette piste est d'environ 4 ans! Complètement découragé, papa les regarde s'éloigner en « chasse-neige ».

Pendant que maman se dirige avec Alexis vers la piste de son choix, elle voit Jérôme qui virevolte dans les airs avec sa planche à neige! Il « surfe » sur la neige avec quelques ados en écoutant du hip-hop! Maman s'écrie « Ahhhh! Mon Dieu! » Elle a les jambes toutes molles et a l'impression qu'elle va perdre connaissance.

Qu'est-ce qui est normal et qu'est-ce qui est exagéré dans cette famille? Comment agir en tant que parent? Dans cet exemple, qui a raison? Papa ou maman? Devant la nouveauté, vos enfants adoptent-ils l'attitude d'Alexis ou celle de Jérôme? Et vous, quelles sont vos attitudes parentales par rapport à l'anxiété et aux peurs de vos enfants? Avez-vous vous-même une petite tendance à l'anxiété? Difficile de s'y retrouver!

Ce livre vous aidera à identifier les peurs de vos enfants et vos propres peurs. Vous pourrez aussi distinguer l'anxiété normale de l'anxiété maladive. Enfin, vous apprendrez comment intervenir devant l'anxiété afin que cette émotion ne prenne pas le contrôle de votre vie de famille. Tout au long de votre lecture, vous remarquerez que j'utilise les mots « peur », « inquiétude » et « panique » en plus du mot « anxiété ». Tous ces termes font partie de la même grande famille d'émotions.

Bonne lecture!

CHAPITRE 2

Le rôle de l'anxiété dans la vie

Tout le monde a des peurs, et c'est normal! La peur est même un sentiment utile, qui sert à se protéger. Par exemple, si vous voyez un début d'incendie dans votre maison et que vous n'avez pas peur, vous laisserez la maison brûler sans en sortir! C'est donc la peur qui nous fait éviter les dangers réels…

L'insouciance peut mener à de mauvaises surprises…

En fait, la peur est comme un système d'alarme naturel qui met notre corps et notre esprit en état de vigilance et de protection. Lorsque nous sommes anxieux, nous ressentons des symptômes physiques qui indiquent que notre corps se prépare biologiquement à fuir en courant : notre cœur bat à un rythme accéléré, nous transpirons, notre souffle devient court... Nous adoptons également des comportements d'évitement à l'égard des situations, des objets ou des animaux qui nous font peur. C'est normal! Si notre pensée interprète que nous sommes en danger, nous devons nous protéger en fuyant la source du danger. L'anxiété est donc une émotion qui agit comme un système d'alarme. Elle nous motive à prendre des décisions dans le but de nous protéger.

Mais la peur peut parfois nous nuire, surtout quand les dangers sont imaginaires (par exemple, des monstres sous le lit, la menace que représentent les fourmis), ou quand notre évaluation de la probabilité d'un danger est exagérée. L'anxiété peut également nous nuire lorsque nous avons un faible sentiment de compétence personnelle pour affronter les dangers. D'ailleurs, nous observons souvent chez les enfants qui souffrent d'anxiété une attitude de passivité lorsqu'ils sont devant la source de leur peur. C'est signe qu'ils ne savent pas quoi faire, qu'ils n'ont pas confiance en leur capacité de réagir adéquatement.

C'est à ce moment-là que l'anxiété peut nous faire passer à côté de la vie, à cause d'une trop grande tendance à l'évitement de situations nouvelles ou à l'évitement d'imprévus. En fait, à cause de son faible sentiment de capacité personnelle, à cause de sa perception exagérée des dangers, un enfant anxieux peut se mettre à éviter toutes sortes de situations non dangereuses. Il évitera même des situations qui amusent la plupart des enfants (par exemple, aller au parc d'amusement avec les gens du camp de jour, coucher chez des amis, caresser un chat). L'anxiété empêche alors l'enfant de fonctionner normalement et le confine à l'isolement social. De plus, si l'enfant est forcé de confronter une situation qui le rend anxieux, comme aller à l'école, il peut ressentir toutes sortes de sensations physiques qui l'amèneront à dire qu'il ne se sent pas bien (par exemple, « J'ai mal au ventre »).

Je ne peux pas aller à ton party. Je dois aller chez ma grand-mère.

Les adolescents et les adultes anxieux ne sont pas vraiment différents! Eux aussi ont une perception exagérée du danger, de ses probabilités et de ses conséquences. Eux aussi adoptent des comportements d'évitement pour diminuer leur anxiété. Eux aussi, ont un faible sentiment de compétence personnelle. Bref, ils éprouvent des difficultés à fonctionner au quotidien.

Rassurez-vous, l'anxiété maladive n'est pas rare! De plus, elle se traite bien à condition d'être motivé à s'en sortir. Par contre, il est important de se sensibiliser à l'anxiété chez les enfants et chez les adolescents. Trop souvent encore, les gens consultent pour leur anxiété à l'âge adulte seulement. Fréquemment, après avoir observé les premiers résultats de leur thérapie, ils regrettent de ne pas avoir consulté avant : « Si j'avais consulté plus tôt, je n'aurais pas passé toutes ces années à éviter, à m'isoler et à souffrir en silence ».

Les gens qui consultent en thérapie ne se débarrassent pas complètement de leur anxiété, puisqu'il s'agit d'une émotion normale et utile. Ils apprennent plutôt à réévaluer leur perception du danger, à s'orienter vers des solutions au lieu de rester paralysés sans savoir quoi faire et, enfin, à affronter leurs peurs irrationnelles. Lorsqu'ils retrouvent leurs vieux réflexes d'anxiété maladive, ils savent comment réagir de manière adéquate afin de ne pas en souffrir trop longtemps.

Les stratégies d'intervention pour les enfants anxieux ne diffèrent pas tellement des stratégies que je viens d'énumérer pour les adultes. Par contre, il faut adapter ces stratégies en fonction du niveau de développement de l'enfant et il faut que les parents sachent comment réagir lorsque leur enfant est anxieux. L'idée n'est pas de le surprotéger ni de le pousser à affronter des dangers réels. L'objectif ultime, c'est qu'il puisse différencier l'anxiété normale de l'anxiété maladive, et qu'il sache comment réagir s'il se rend compte que son anxiété est exagérée. Il doit pouvoir foncer dans la vie avec confiance, tout en sachant se protéger des dangers réels.

CHAPITRE 3

Les causes de l'anxiété problématique

Pourquoi certains enfants développeront des problèmes d'anxiété et d'autres pas? En fait, l'anxiété a plusieurs causes ou plusieurs facteurs de risques possibles. D'abord, les études scientifiques indiquent que beaucoup d'enfants qui souffrent d'anxiété ont des antécédents familiaux. Il est donc possible que l'anxiété soit en partie héréditaire. Nous savons également qu'un enfant anxieux et un parent anxieux n'auront pas nécessairement le même trouble d'anxiété, c'est-à-dire que leur anxiété ne se manifestera pas de la même façon. Papa peut souffrir de crises de panique (symptômes physiques intenses d'anxiété ressemblant parfois à un malaise cardiaque), tandis que fiston souffre de phobie sociale (extrême timidité).

De plus, de nombreuses études rapportent que la majorité des enfants anxieux naissent avec un tempérament inhibé. Dès la naissance, il est possible d'observer que ces enfants sont plus introvertis (activités plus calmes, repli sur soi) et qu'ils éprouvent plus de difficultés à s'adapter à des situations et à des personnes nouvelles. Ce tempérament inhibé constituerait un facteur de risque et expliquerait pourquoi la plupart des enfants anxieux passent inaperçus : ils sont introvertis! Dans une classe, les enfants anxieux sont probablement les plus sages, ceux qui passent inaperçus… en général! Cela ne veut pas dire que les enfants agités ne peuvent pas souffrir d'anxiété!

Dans une même famille, deux enfants peuvent avoir des tempéraments complètement différents et ne réagiront pas de la même façon à la nouveauté.

Vous vous dites sûrement qu'en tant que parent, vous ne pouvez pas contrôler la génétique et le tempérament de votre enfant! Par contre, il faut savoir que l'anxiété d'un enfant peut également se développer après qu'il ait observé d'autres personnes anxieuses autour de lui. Il s'agit de l'apprentissage social ou de l'apprentissage par imitation. En effet, au cours de son développement, l'enfant se forme une représentation mentale de lui-même et du monde qui l'entoure. Donc, si un de ses parents perçoit des dangers de façon exagérée, l'enfant risque de l'imiter en se développant une représentation mentale d'un monde dangereux qui l'entoure. Si un de ses parents est anxieux et le surprotège, l'enfant ne parviendra pas à développer un sentiment de compétence personnelle pour affronter les choses nouvelles, les défis. Il aura l'impression qu'il ne peut rien affronter sans la protection de ses parents. Donc, parents anxieux, attention au modèle que vous représentez pour vos enfants, attention à la surprotection aussi! Il ne s'agit pas de vous culpabiliser pour votre propre anxiété, mais il s'agit de percevoir que c'est dans la gestion de votre anxiété que réside votre pouvoir de prévention!

Un dernier élément peut **parfois** causer l'anxiété chez les enfants, il s'agit des traumatismes. Bien qu'il ne faille pas surprotéger les enfants, il ne faut pas non plus les négliger… Un accident traumatisant est si vite arrivé. Un enfant qui est témoin ou victime d'un accident, d'un vol, d'une scène de violence ou d'un quelconque événement horrifiant peut facilement et rapidement développer des symptômes d'anxiété.

Enfin, il ne faut pas voir toutes ces causes de l'anxiété comme étant isolées. On remarque, chez la plupart des enfants qui développent des peurs ou des inquiétudes, qu'une combinaison de facteurs est à la source du problème. Le but du présent chapitre est simplement de vous donner les outils nécessaires pour identifier si votre enfant présente des risques de développer un trouble anxieux. Il ne faut également pas oublier que si votre enfant en souffre déjà, vous pouvez l'aider d'abord en changeant certaines de vos attitudes parentales, en vous assurant de devenir un bon modèle de gestion saine de vos émotions. Les chapitres suivants vous expliqueront plus en détail comment éviter de maintenir l'anxiété chez votre enfant, et comment l'aider à gérer ses peurs et ses inquiétudes.

CHAPITRE 4

La stratégie de choix des personnes anxieuses… l'évitement!

Puisque la peur et l'anxiété sont des émotions normales qui nous servent à éviter les dangers, il est facile de comprendre que la stratégie de choix des personnes anxieuses soit l'évitement. Par contre, les personnes souffrant d'anxiété maladive évitent de faux dangers. Elles surévaluent les probabilités qu'un danger survienne, surévaluent les conséquences possibles de ce danger et sous-estiment leurs compétences personnelles à bien réagir devant un danger, à pouvoir y faire face.

Il y a longtemps qu'on a découvert scientifiquement que le comportement d'évitement est associé au sentiment de peur, à l'anticipation du danger. En 1948, époque où les lois sur la recherche avec les animaux n'étaient pas encore toutes en place, un dénommé Miller a observé le comportement des rats réagissant à la peur. Les rats étaient placés dans une petite boîte blanche dont le sol était fait d'un treillis métallique électrifié et dans laquelle se trouvait un dispositif permettant aux rats de s'échapper de la boîte blanche pour aller dans une boîte noire. Les rats ont tôt fait d'associer la boîte blanche au choc électrique et la boîte noire à l'absence de choc. Ils ont rapidement appris à actionner le dispositif lorsqu'ils étaient dans la boîte blanche, afin de pouvoir aller dans la boîte noire **avant** de recevoir le choc électrique. Cette expérience peut sembler banale, mais elle illustre à quel point la peur peut motiver un animal ou un individu à faire des efforts pour se protéger.

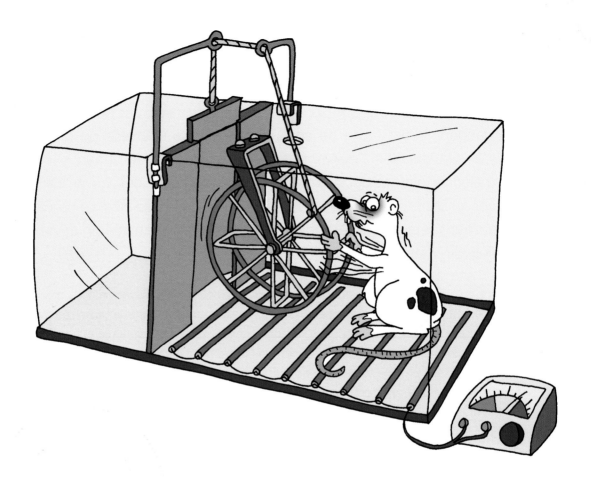

En fait, selon l'étude de Miller, les rats ont continué à s'échapper de la boîte blanche même lorsqu'on ne donnait plus de chocs électriques. Ils évitaient alors une situation devenue non dangereuse. L'important à retenir, c'est le sentiment de soulagement que les rats ressentaient lorsqu'ils passaient de la boîte blanche à la boîte noire… C'est ce sentiment qui les motivait à maintenir leur comportement d'évitement. De plus, en sortant rapidement de la boîte blanche, ils n'avaient aucune chance de se rendre compte que la boîte blanche n'était plus électrifiée!

Mon but n'est pas de comparer les rats aux humains, mais plutôt de montrer que le phénomène de l'évitement est le même chez les humains. Ce comportement naturel devant un danger est toujours suivi d'une baisse instantanée du niveau d'anxiété, ce qu'on appelle « le soulagement ».

Si votre enfant a peur des animaux et qu'il voit un chat passer près de lui pendant qu'il joue dans son carré de sable, vous pouvez être sûr qu'il se dira « ouf » une fois qu'il sera bien à l'abri dans la maison, après avoir couru à en perdre haleine!

Ce « ouf » est une récompense pour s'être enfui, et il maintiendra son comportement d'évitement à l'égard des chats. Mais comment votre enfant apprendra-t-il que la majorité des chats ne sont pas dangereux s'il les évite?

Si vous avez bien suivi mon raisonnement jusqu'à présent, vous devriez comprendre que l'évitement est un piège quand nous avons une peur **irrationnelle**. L'évitement est une bonne manière de faire diminuer l'anxiété de façon instantanée lorsque nous sommes confronté à ce qui nous fait peur. Par contre, lorsque nous serons confronté de nouveau à cette situation, notre anxiété montera à un niveau aussi élevé que la première fois, jusqu'à ce que nous l'évitions de nouveau. Donc, à long terme, l'évitement MAINTIENT l'anxiété.

Diagramme de l'effet de maintien de l'évitement
(anxiété qui monte descend, monte descend)

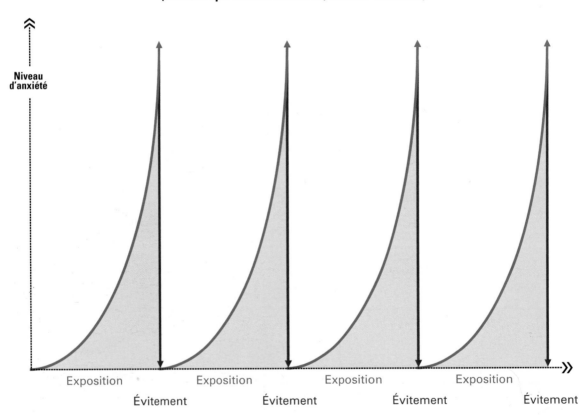

Il existe une deuxième raison pour laquelle l'évitement est un piège : l'évitement maintient l'anxiété parce qu'il perpétue les fausses perceptions ou les perceptions exagérées par rapport au danger. Il ne permet pas de percevoir l'absence de danger. Autrement dit, il maintient la trop grande sensibilité de notre système d'alarme. En conservant une perception exagérée du danger, nous entretenons notre motivation à éviter… Voyez-vous le cercle **extrêmement** vicieux qui s'installe ?

Enfin, il existe une troisième raison pour laquelle l'évitement est un piège : il maintient le faible sentiment de capacité personnelle. Lorsque nous relevons un nouveau défi avec succès, notre sentiment de capacité personnelle monte d'un cran.

Par ailleurs, chaque fois que nous faisons de l'évitement, notre sentiment de capacité personnelle reste au même niveau ou descend peut-être même d'un cran, puisque nous nous trouvons peureux et vulnérable.

Plus on évite, plus on se sent comme une poule mouillée.

Bref, pour résumer l'effet de l'évitement devant une peur irrationnelle, retenons que l'évitement :

- est récompensé par un sentiment de soulagement, et est donc maintenu comme stratégie à court terme pour affronter la peur;
- maintient l'anxiété à long terme parce qu'il entretient nos fausses perceptions par rapport au danger et notre faible sentiment de capacité personnelle à affronter les peurs, les défis.

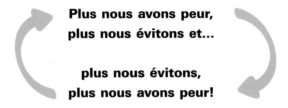

**Plus nous avons peur,
plus nous évitons et...**

**plus nous évitons,
plus nous avons peur!**

Le plus triste dans tout ça, c'est que les comportements d'évitement peuvent ruiner la vie d'un individu. L'enfant qui a peur des chats pourrait se mettre à éviter son carré de sable ou même ne plus vouloir sortir de la maison sans ses parents. Le papa qui fait des crises de panique dans les salles de cinéma, les épiceries et le métro pourrait facilement voir sa vie confinée entre quatre murs, ce qui est connu sous le nom d'« agoraphobie ». Si votre enfant souffre de phobie sociale, il peut refuser de se rendre aux fêtes d'enfants, d'aller en classe les jours où il doit faire un exposé oral, de faire de la danse, du théâtre, des sports...

Vous venez de lire plusieurs noms de troubles d'anxiété dans le dernier paragraphe. Le prochain chapitre vous permettra d'en apprendre plus sur tous les troubles d'anxiété.

CHAPITRE 5

Les différents troubles d'anxiété et leurs symptômes

Rassurez-vous! Ce chapitre ne vise pas à faire de vous un psychologue ou un psychiatre pouvant diagnostiquer des troubles d'anxiété. L'objectif est que vous soyez bien informé sur les différentes manifestations possibles de l'anxiété, telles que listées dans le DSM-IV[1]. Vous pourrez ainsi en reconnaître les symptômes chez votre enfant, votre conjoint, ou vous-même. Vous pourrez également comprendre comment les comportements d'évitement maintiennent chacun de ces troubles, même si les situations évitées varient d'un trouble à l'autre.

Si un membre de votre famille souffre d'anxiété, sans nécessairement avoir tous les symptômes d'un trouble en particulier, il peut être utile de connaître les différentes situations évitées par les personnes anxieuses. En effet, cela peut vous aider à identifier ce qui représente une situation anxiogène pour une personne et à comprendre les différents mécanismes d'action de son anxiété. Si vous voulez aider la personne à mieux maîtriser son anxiété, c'est déjà un bon début!

ATTENTION : Ne vous improvisez pas psychologue ou psychiatre, simplement parce que vous avez pris connaissance des signes qui pourraient indiquer la présence de ces troubles chez quelqu'un de votre entourage. Seuls les spécialistes de la santé mentale peuvent faire une évaluation complète et seuls les médecins peuvent légalement établir un diagnostic. L'évaluation des troubles psychologiques est une chose très complexe, car elle nécessite la collecte de nombreuses données sur la personne et sa famille. De plus, plusieurs troubles ont des points en commun, ce qui fait en sorte qu'il est parfois difficile de les distinguer.

1. Le DSM-IV, le « Diagnostic and Statistical Manual of Mental Disorders, Fourth Edition », est la bible des professionnels de la santé mentale. Il s'agit du répertoire de toutes les maladies mentales et de leurs symptômes. C'est l'outil qu'utilisent les médecins et les psychiatres pour établir un diagnostic.

L'anxiété de séparation

Il s'agit d'un trouble spécifique de l'enfance. L'enfant souffre d'une anxiété excessive lorsqu'il lui faut être séparé de ses parents, d'autres figures d'attachement ou de lieux physiques qu'il connaît (par exemple la maison). Cette anxiété se manifeste par beaucoup d'inquiétude par rapport à ce qui pourrait arriver à ses parents lorsqu'il doit s'éloigner d'eux. L'enfant imagine toutes sortes de scénarios catastrophiques et il anticipe, avec une grande crainte, les moments où il sera séparé de ses parents ou de sa maison. Ces enfants auront parfois même peur d'être seuls dans une pièce de la maison, ou dans la cour pendant que leurs parents sont à l'intérieur. Ils ressentent souvent des malaises physiques lorsqu'ils sont séparés ou lorsqu'ils anticipent d'être séparés de leurs parents.

- Une détresse majeure lorsque l'enfant est séparé de ses figures principales d'attachement ou de la maison, ou lorsqu'une telle séparation est anticipée.
- Des inquiétudes excessives et persistantes par rapport à la possibilité de perdre ses principales figures d'attachement ou qu'un malheur leur arrive.
- Des inquiétudes excessives et persistantes par rapport aux risques d'être involontairement séparé des figures d'attachement (par exemple être kidnappé, se perdre).
- Une résistance ou un refus d'aller à l'école ou ailleurs à cause de la peur d'être séparé.
- Une résistance ou un refus d'être seul.
- Une résistance ou un refus de dormir éloigné des principales figures d'attachement, ou de dormir à l'extérieur de la maison.
- Des cauchemars impliquant le thème de la séparation.
- Des plaintes de symptômes physiques (tels des maux de tête, des maux de ventre, la nausée, des vomissements) lors d'une séparation ou de l'anticipation des moments de séparation.

Le trouble panique (avec ou sans agoraphobie)

Ce trouble est caractérisé par des épisodes d'anxiété intense appelés « attaques de panique ». Les attaques comportent des symptômes physiques très forts, une sensation d'irréalité et une peur de mourir, de perdre le contrôle de soi ou de devenir fou. Lors d'une première attaque de panique, plusieurs personnes croient avoir un trouble cardiaque, ce qui ne contribue pas à diminuer leur anxiété! Souvent, les attaques de panique se déclenchent sans raison apparente. Par la suite, l'individu peut développer ce qu'on appelle « l'évitement agoraphobique », ou « l'agoraphobie ». La personne se mettra alors à éviter toutes les situations où elle anticipe de faire une attaque de panique, où elle ne peut s'enfuir à son gré et les situations où elle risque de ne pas pouvoir obtenir de l'aide.

Un individu peut errer plusieurs mois et même plusieurs années dans le système de la santé, subir toutes sortes de tests pour dépister une maladie physique expliquant les symptômes de panique, avant qu'on lui dise, un jour, qu'il s'agit d'un trouble psychologique. Les symptômes physiques sont tellement intenses qu'il est difficile pour certains de croire que tout ça puisse venir de leur tête! Ce trouble est vraiment pénalisant parce qu'une personne peut en venir à ne plus être capable de sortir seule, sans être accompagnée. Il en résulte souvent un isolement social important ou encore une très grande dépendance envers le conjoint ou une autre personne de l'entourage.

Les attaques de panique

• Il s'agit d'une période isolée de peur et d'inconfort intense, au cours de laquelle plusieurs des symptômes suivants se développent spontanément et atteignent leur plus haut niveau en moins de 10 minutes :
  – palpitations, cœur qui bat à un rythme accéléré;
  – transpiration;
  – tremblements;
  – sensation d'avoir le souffle court;
  – sensation d'étouffer;
  – douleurs à la poitrine;
  – nausée, problèmes gastriques;
  – sensation d'étourdissement, d'être sur le point de perdre connaissance;
  – sentiment d'irréalité ou d'être détaché de soi;
  – peur de perdre le contrôle ou de devenir fou;
  – peur de mourir;
  – sensation d'engourdissement;
  – sueurs froides, frissons.

L'agoraphobie

• Anxiété par rapport au fait d'être dans un endroit ou dans une situation qu'il pourrait être difficile ou humiliant de quitter.

• Anxiété par rapport au fait d'être dans un endroit ou dans une situation où il pourrait être difficile d'obtenir de l'aide si jamais une attaque de panique survenait.

• Exemples classiques de situations évitées : être seul à l'extérieur de la maison, être dans une foule ou dans une file d'attente, être sur un pont, voyager en autobus, en train ou en voiture, etc.

• Anxiété par rapport à certaines situations : soit qu'elles sont à éviter, soit qu'elles nécessitent d'être accompagnées, soit qu'elles ne sont pas vécues sans détresse significative, soit qu'il y a une attaque de panique.

Le trouble panique avec ou sans agoraphobie

• • • • • • L'individu vit des attaques de panique récurrentes et imprévisibles.

• Au moins une des attaques de panique a été suivie d'inquiétude par rapport aux risques de faire une autre attaque de panique, d'inquiétude par rapport aux causes ou aux conséquences des attaques de panique (ex. : perte de contrôle, avoir une crise cardiaque ou devenir fou), ou de changements drastiques dans les comportements reliés aux attaques de panique.

• Les attaques de panique ne sont pas dues à une maladie physique (reliées à l'hyperthyroïdie, à l'arythmie cardiaque, etc.) ou aux effets d'une drogue ou d'un médicament.

• Le trouble panique peut être accompagné ou non d'agoraphobie.

Le trouble obsessionnel compulsif

Plusieurs films dont le personnage principal est atteint de ce trouble ont été réalisés. Les deux principaux qui me viennent en tête sont des comédies : *As Good as it Gets*, dans lequel Jack Nicholson joue formidablement le rôle d'un obsessif compulsif, et *What About Bob?*, dans lequel Bill Murray joue également le rôle d'un obsessif compulsif qui poursuit son psychiatre partout où il va!

Le trouble obsessif compulsif (TOC) est caractérisé par des pensées ou des images qui font intrusion dans le cours de la pensée d'un individu. La plupart du temps, ces pensées intrusives, les obsessions, comportent des scénarios assez catastrophiques : avoir l'impulsion de sauter à la gorge de quelqu'un et de l'étrangler, avoir l'impulsion de frapper quelqu'un avec un couteau, toucher à une poignée de porte contaminée et toucher par la suite quelqu'un qui pourrait être contaminé à son tour, tomber malade puis mourir… En fait, 90 % des gens peuvent avoir des pensées comme celles-là dans leur vie, mais la différence entre ceux qui ne développeront pas un TOC et ceux qui en développeront un, c'est que ces derniers croient que le seul fait d'avoir eu la pensée indique qu'il y a de fortes possibilités que la catastrophe imaginée survienne réellement. Alors, ils font des compulsions pour éviter leurs pensées intrusives, ou pour éviter que la catastrophe imaginée ne survienne : ils se lavent les mains de façon ritualisée, ils vérifient, ils font des calculs mentaux pour chasser leurs pensées, ils répètent des prières de façon ritualisée, ils collectionnent et accumulent les objets (pour éviter la catastrophe, c'est-à-dire de jeter quelque chose d'essentiel)… Évidemment, personne n'a toutes ces compulsions à la fois! La compulsion d'un individu avec un TOC est souvent en lien avec ses obsessions. Par exemple, quelqu'un qui a peur des bactéries se lavera les mains compulsivement. Les personnes qui souffrent de ce trouble sont portées à répéter souvent leurs compulsions, parce qu'elles doutent constamment d'avoir bien vérifié, bien nettoyé, ou bien prié. De plus, le doute est souvent accompagné de la peur du sentiment de responsabilité si les catastrophes des pensées intrusives survenaient réellement. Enfin, les gens qui souffrent de ce trouble en parlent peu car ils savent que leurs pensées et leurs comportements peuvent paraître bizarres aux yeux des autres… Ils ont honte.

Les obsessions

• • • • • Pensées récurrentes et persistantes, impulsions ou images qui sont vécues comme étant intrusives et causant une anxiété et une détresse marquées.

• Pensées, images ou impulsions qui ne sont pas simplement des inquiétudes excessives par rapport à des problèmes de la réalité.

• Tentatives de la personne d'ignorer ou d'éliminer ces pensées, ces impulsions ou ces images. Elle peut tenter de les neutraliser à l'aide d'autres pensées ou comportements.

• Conscience que les pensées, les images ou les impulsions sont le produit de sa pensée.

Les compulsions

• • • • • Comportements répétitifs (par exemple se laver les mains, mettre de l'ordre, vérifier) ou actes mentaux (prier, compter, répéter des mots silencieusement) que la personne se sent obligée de faire en réaction à une obsession. Cela peut devenir une espèce de règle à appliquer de façon rigide.

• Comportements ou actes mentaux qui ont pour but de prévenir ou de diminuer la détresse ou encore de prévenir une situation catastrophique. Toutefois ces comportements ou actes mentaux n'ont aucun lien avec ce qu'ils sont censés neutraliser ou encore sont clairement excessifs.

• Les adultes qui souffrent de ce trouble reconnaissent habituellement que les obsessions et les compulsions sont excessives ou irrationnelles. La majorité des enfants ne peuvent reconnaître ce fait.

• Les obsessions-compulsions causent une détresse significative, elles consument beaucoup de temps (plus d'une heure par jour), elles interfèrent de façon significative dans le fonctionnement quotidien de la personne (école, travail, relations sociales, etc.).

L'anxiété généralisée

Ce trouble est caractérisé par des inquiétudes excessives et par l'intolérance à l'incertitude. Les personnes qui en souffrent ont tendance à toujours s'imaginer les pires scénarios négatifs : « Si je laisse mon enfant aller au parc avec ses amis, il pourrait tomber et se faire mal, il pourrait se faire enlever, il pourrait se perdre... » Inutile de vous dire que les parents aux prises avec ce problème ont tendance à être surprotecteurs et contrôlants! Ils veulent des garanties que tout se passera comme il était prévu, ils demandent souvent à être rassurés. Le pire dans tout ça, c'est que les gens qui en souffrent sont convaincus que s'inquiéter est utile! Ils pensent qu'en s'inquiétant, ils peuvent prévenir les catastrophes, prévoir l'imprévisible. Le problème, c'est que ces gens imaginent seulement les scénarios négatifs, sans prévoir de solutions! Alors, leur anxiété causée par le fait de ruminer des inquiétudes devient tellement intolérable qu'ils cherchent à se changer les idées. Cependant, parce qu'ils n'ont pas trouvé de solution au scénario inquiétant, parce qu'ils n'ont pas remis en question les probabilités que le scénario survienne réellement, l'inquiétude revient rapidement, malgré la stratégie d'évitement. De toute façon, éviter une pensée est très difficile... Si je vous dis de ne pas penser à un éléphant rose, à quoi pensez-vous?

Vous vous dites probablement que c'est un trouble qui concerne les adultes, mais ne trouvez-vous pas qu'il ressemble étrangement à l'anxiété de séparation? Les enfants qui ont ce trouble s'inquiètent des conséquences d'être éloignés de leurs parents. Leurs thèmes d'inquiétude sont peut-être moins élaborés que ceux des adultes, mais ça ne veut pas dire qu'ils n'ont pas la capacité de s'inquiéter! L'anxiété généralisée se manifeste par les symptômes qui suivent.

- Inquiétude et anxiété excessives (attentes anticipatoires) à propos d'un certain nombre d'événements ou d'activités (comme le travail ou la performance scolaire).
- Difficultés à contrôler ses inquiétudes.
- Manifestation de certains des symptômes suivants (au moins trois chez les adultes, un chez les enfants) :
  - agitation;
  - fatigue ressentie rapidement et facilement;

- difficultés de concentration, trous de mémoire;
- irritabilité;
- tension musculaire;
- problèmes de sommeil (difficulté à s'endormir ou à rester endormi, ou sommeil agité et insatisfaisant).

• Les inquiétudes, l'anxiété et leurs symptômes physiques causent une détresse significative et nuisent au fonctionnement quotidien (école, travail, relations sociales, etc.).

La phobie sociale

Qui n'a jamais eu le coeur qui bat la chamade avant de devoir parler devant une foule ou un groupe de gens? La phobie sociale est caractérisée par la peur d'être jugé négativement par les autres. Les gens qui en souffrent n'évitent pas seulement de parler devant un auditoire. Le simple fait de manger devant une ou deux personnes peut être intimidant pour eux. Ils anticipent que les autres remarquent leur anxiété, ils ont peur d'être jugés et rejetés, ils ont une conception rigide des comportements sociaux, comme s'il fallait toujours savoir se comporter parfaitement. Il va sans dire qu'ils ont une faible estime d'eux-mêmes. De nombreux phobiques sociaux ont peu d'habiletés sociales, en ce sens qu'ils ne savent pas comment se comporter lorsqu'ils sont en relation avec les autres. Ou alors, s'ils savent comment se comporter, ils n'ont pas confiance en leur capacité de se comporter selon leurs standards, comme s'il fallait être parfait. Inutile de dire que ce trouble peut facilement mener à l'isolement social. Toutefois, certains phobiques sociaux ont une vie sociale tout en ayant des comportements d'évitement subtils : dans une réception, ils demanderont toujours un verre à moitié plein afin d'éviter d'en renverser, ils arriveront avant tout le monde et partiront les derniers afin de ne pas avoir à aller vers les gens pour les saluer, ils ne mangeront pas de spaghetti, de salade César ou de homard parce que ces aliments se mangent mal et ils risquent d'avoir l'air fou... Ils n'osent pas affirmer leur désaccord, leur frustration ou leur colère car ces sentiments sont considérés comme négatifs. Rappelez-vous : ils ont peur d'être jugés négativement, ou pire encore, d'être rejetés. Ils ont l'impression d'être constamment observés, ils sont hyperconscients de leurs mouvements, de leur discours et de leur apparence. Ils ont souvent l'impression que tout le monde les regarde et que tout le monde remarquera la moindre imperfection quant à leur apparence, leur discours ou leur comportement.

Les enfants aussi peuvent souffrir de phobie sociale. Certains, même, souffriront du trouble du mutisme sélectif. Ce trouble est caractérisé par une timidité extrême qui fait en sorte que l'enfant reste muet dans plusieurs situations où on s'attend qu'il s'exprime (ex. : commander son repas au restaurant, parler à l'école, répondre aux questions des membres de la famille éloignée lors d'une réunion familiale). Par contre, ces enfants sont capables de parler dans d'autres contextes : avec leurs parents, avec leurs frères et leurs sœurs… Certains chercheurs en psychologie affirment que le mutisme sélectif serait une forme extrême de phobie sociale que l'on retrouve chez les enfants.

- Une peur persistante des situations sociales ou de performance au cours de laquelle la personne est exposée à des inconnus ou au fait d'être observée et évaluée par les autres. La personne craint d'agir d'une façon qui l'humiliera ou qui la mettra dans l'embarras. Les enfants qui en souffrent ne sont pas seulement anxieux avec les adultes, mais également avec leurs pairs.
- L'exposition aux situations sociales provoque une réaction d'anxiété immédiate. Chez les adultes, cette réaction peut ressembler à une attaque de panique, tandis que chez les enfants, cette anxiété peut être exprimée par des pleurs et des crises, par le fait de figer ou de se retirer des situations sociales impliquant des inconnus.
- Chez l'adulte, il y a conscience que la peur est irrationnelle, mais pas nécessairement chez l'enfant.
- Les situations sociales sont évitées.
- L'évitement, l'anticipation ou la détresse entrave de façon significative le fonctionnement quotidien de la personne (école, travail, relations sociales, etc.).

Les phobies spécifiques

Comme leur nom l'indique, les phobies spécifiques sont la peur, l'anticipation et l'évitement de situations ou d'objets spécifiques. Les phobies spécifiques dont on entend beaucoup parler sont : la peur des espaces clos, la peur des araignées, la peur des serpents, la peur des hauteurs, la peur du sang, des plaies et des injections, la peur des animaux (chiens, chats, souris…), la peur des oiseaux, la peur des avions, la peur des foules, etc.

Je pense qu'il s'agit du trouble d'anxiété dont nous entendons le plus souvent parler, car la plupart des gens s'amusent à dire quelle est leur phobie. Par contre, pour être diagnostiqué avec un tel trouble, il faut que la phobie entrave significativement le fonctionnement quotidien de l'individu. Alors, si votre enfant a eu peur des chameaux la dernière fois qu'il est allé au Zoo de Granby, on ne peut pas nécessairement dire qu'il souffre d'une phobie spécifique. Cela me surprendrait que son fonctionnement scolaire soit affecté par l'anticipation de rencontrer un chameau dans la cour de récréation !

- Peur persistante, excessive et irrationnelle provoquée par la présence ou l'anticipation d'un objet ou par une situation spécifique.
- L'exposition à la situation ou à l'objet phobogène (qui fait peur) provoque une réaction d'anxiété immédiate. Chez les adultes, cette réaction peut ressembler à une attaque de panique, tandis que chez les enfants, cette anxiété peut être exprimée par des pleurs, des crises, le fait de figer et de s'accrocher aux parents.
- Chez l'adulte, il y a conscience que la peur est irrationnelle, mais pas nécessairement chez l'enfant.
- La situation ou l'objet phobogène est évité.
- L'évitement, l'anticipation ou la détresse entrave de façon significative le fonctionnement quotidien de la personne (école, travail, relations sociales, etc.).

Le trouble de stress post-traumatique (TSPT)

Ce trouble touche les personnes ayant été victimes ou témoins d'un événement traumatisant qui leur a fait vivre une grande peur ou un vif sentiment d'horreur et d'impuissance. L'événement est souvent revécu sous forme de pensées obsédantes ou de cauchemars répétitifs. Ces symptômes sont fréquemment accompagnés d'un comportement d'évitement de tout ce qui peut être associé au traumatisme : pensées, conversations, lieux, personnes... Une personne qui souffre du TSPT peut également manifester des symptômes qui se traduisent par une forme d'hyperactivité, par exemple de l'insomnie, de l'agitation, de l'irritabilité et de l'hypervigilance (état d'alerte qui fait que la personne est constamment tendue et sursaute facilement).

Les personnes qui vivent un traumatisme ne sont pas si rares... quand on pense à tous les soldats qui ont été témoins d'horreurs de guerre, aux victimes d'agression ou d'abus sexuel, aux victimes de la route... Cela fait beaucoup de gens susceptibles de développer un TSPT. Ceux qui vivent avec ce trouble ressentent souvent un fort sentiment de culpabilité, particulièrement lorsqu'ils ont été impuissants devant une horreur impliquant des victimes. Ils ont également de la difficulté à faire confiance aux autres. Leur conception de vivre dans un monde bienveillant et juste où ils ont une valeur personnelle est bouleversée. Ils ont l'impression qu'il faut se méfier de tout, que la vie est injuste et qu'ils n'ont pas plus de valeur que de petites fourmis. Ils développent un grand sentiment de vulnérabilité.

Ils peuvent ainsi avoir tendance à s'isoler socialement. De plus, lorsque le TSPT n'est pas traité, il peut mener à d'autres problèmes, notamment aux autres troubles d'anxiété, à la dépression, à l'alcoolisme ou à la toxicomanie. L'utilisation de substances n'est pas surprenante dans ces cas car les gens qui ont vécu un traumatisme feraient n'importe quoi pour chasser la pensée ou le souvenir de ce traumatisme.

Malheureusement, les enfants ne sont pas à l'abri des traumatismes... Certains peuvent être témoins de violence conjugale, de suicide, d'un vol à main armée, d'un accident de voiture, d'une noyade, d'agression physique... sans parler de ceux qui sont victimes d'abus sexuel.

- La personne a été exposée à un événement traumatisant au cours duquel les éléments suivants étaient présents :
  - la personne a vécu, a été témoin ou a été confrontée à un événement impliquant la mort, le risque de mort, une blessure grave ou une menace à son intégrité physique ou à celle d'autres personnes;
  - la personne a réagi avec une peur intense, un sentiment d'impuissance ou d'horreur. Chez les enfants, cette réaction peut être exprimée par un comportement agité ou désorganisé.

- L'événement traumatisant est revécu selon l'une des façons suivantes :
  - des souvenirs récurrents (répétitifs) et intrusifs (non volontaires) de l'événement (images, pensées, perceptions). Chez les enfants, on peut observer des jeux répétitifs impliquant le thème du trauma;
  - des rêves récurrents de l'événement. Chez les enfants, on peut observer des rêves horrifiants sans nécessairement avoir accès au contenu spécifique;
  - la personne se comporte ou se sent comme si l'événement traumatisant était en train de se reproduire. Ceci peut inclure un sentiment de revivre l'expérience, des illusions, des hallucinations, des *flashback*… Chez les enfants, on peut observer des mises en scène de l'événement;
  - détresse intense lorsque l'individu est remis en contact avec des pensées, des lieux ou des situations symbolisant ou ressemblant à un aspect de l'événement traumatisant;
  - réactions physiologiques (ex. : battements de cœur accélérés) lorsque l'individu est remis en contact avec des pensées, des lieux ou des situations symbolisant ou ressemblant à un aspect de l'événement traumatisant.

- Évitement persistant de tout ce qui est associé avec le traumatisme :
  - efforts pour éviter les pensées, les sentiments ou les conversations reliés au traumatisme;
  - efforts pour éviter les activités, les lieux ou les gens qui ravivent des souvenirs du traumatisme;
  - incapacité de se remémorer des aspects importants du trauma;
  - diminution de l'intérêt à participer à des activités;
  - sentiment d'être détaché des autres, d'être différent;
  - incapacité à ressentir certaines émotions (par exemple, incapacité à éprouver de l'amour pour quelqu'un);
  - sentiment d'avoir un court futur (ex. : ne s'attend plus à avoir une carrière, à se marier, à avoir des enfants ou à avoir une vie de durée normale)

- Symptômes persistants d'agitation :
  - difficulté à s'endormir ou à rester endormi;
  - irritabilité ou explosions de colère;
  - difficultés à se concentrer;
  - hypervigilance et réaction de sursaut exagérée.

Voilà qui fait le tour des principaux troubles d'anxiété. Le seul qui s'applique uniquement aux enfants est le trouble de l'anxiété de séparation. Les autres troubles peuvent se développer durant l'enfance, l'adolescence et même au début de l'âge adulte. Il est donc important de retenir que bien que tout le monde puisse vivre de l'anxiété ainsi que certaines petites peurs irrationnelles, il faut que le fonctionnement quotidien d'une personne soit significativement affecté avant de suspecter la présence d'un TROUBLE d'anxiété. Disons que tout le monde peut avoir une petite tendance anxieuse sans nécessairement souffrir d'un TROUBLE. Même si vous et votre enfant ne souffrez d'aucun trouble d'anxiété, le fait d'avoir lu ce chapitre peut vous avoir aidé à identifier la forme que prend votre anxiété. Est-elle reliée à la timidité et à la peur d'être jugé négativement, à la peur des sensations physiques, à la peur de vivre un sentiment de responsabilité, à des inquiétudes excessives? Pour résumer le présent chapitre, voici un tableau qui expose pour chacun des troubles d'anxiété ce qui fait peur et ce qui est évité par la personne qui en souffre.

L'anxiété de séparation

Le fait d'être séparé de sa maison, de ses parents ou d'autres figures d'attachement.

Le trouble panique et agoraphobie

Les sensations physiques, les attaques de panique et les situations où il est impossible de s'enfuir ou d'obtenir de l'aide.

Le trouble obsessif-compulsif

Les pensées intrusives, catastrophiques, le sentiment de responsabilité relié aux conséquences de ces pensées.

Le trouble d'anxiété généralisé

Ce qui est incertain, les inquiétudes.

La phobie sociale

Les situations sociales où on risque d'être jugé négativement.

La phobie spécifique

Un objet, un animal, un lieu ou une situation spécifique.

Le trouble de stress post-traumatique

Le traumatisme et son souvenir.

Même si tous ces troubles semblent très différents les uns des autres, les causes et les mécanismes de l'anxiété sont sensiblement toujours les mêmes.

Les causes sont reliées soit à la génétique, soit au tempérament inhibé de l'enfant, soit à des facteurs environnementaux comme les attitudes parentales ou les expériences stressantes et traumatisantes de la vie. L'ensemble de ces causes amène l'enfant à développer une conception du monde comme étant dangereux et une conception de lui-même comme étant incapable d'affronter les dangers. Ensuite, lorsque l'enfant, ou même l'adulte vivra certaines situations, il surestimera les probabilités du danger et la gravité des conséquences de la situation. Cette interprétation exagérément négative de la situation fera monter l'anxiété. Enfin, pour ne pas avoir à vivre cette anxiété, le comportement adopté sera presque toujours la fuite ou l'évitement qui, à son tour, renforce la perception erronée du danger, la conception que le monde est dangereux et le faible sentiment de compétence personnelle de l'individu… Ouf! Ce n'est pas très compliqué, mais c'est une suite de nombreuses choses. Voici un diagramme qui vous aidera à comprendre.

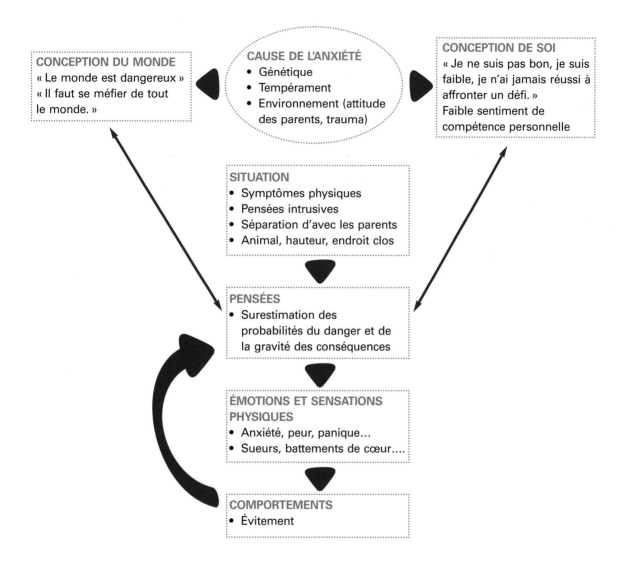

Vous êtes maintenant en mesure de bien comprendre les symptômes de l'anxiété, leurs causes et leurs facteurs de maintien ou plutôt LE facteur de maintien : l'évitement. Le prochain chapitre vous indiquera enfin comment intervenir quand survient l'anxiété…

CHAPITRE 6

Les meilleures solutions à l'anxiété

Vous voilà maintenant prêt à apprendre des trucs concrets pour aider votre enfant à faire face à son anxiété, ou encore pour vous aider vous-même à affronter votre propre anxiété! Si vous m'avez suivie jusqu'à maintenant, vous ne serez pas surpris de constater que l'ensemble des interventions visent la remise en question des pensées reliées à l'interprétation des situations, les techniques de relaxation, l'orientation de l'enfant vers des solutions et l'exposition à ce qui fait peur, histoire de se sortir du piège de l'évitement! La première étape vous semblera peut-être banale, mais elle est extrêmement importante! Enfin, tout au long de ces exercices, encouragez votre enfant, soulignez ses efforts, reconnaissez que ce n'est pas toujours facile et félicitez-le lorsqu'il participe bien… pas seulement lorsqu'il réussit!

1. Bien identifier les situations, les objets ou les animaux qui rendent votre enfant anxieux, les situations qu'il évite.

Un petit truc pour vous aider à établir cette liste, c'est de consulter le chapitre 5. Rappelez-vous de la liste des situations évitées pour chaque trouble d'anxiété. Cette liste devrait vous aider à poser d'autres questions à votre enfant, afin d'identifier des situations auxquelles il n'a jamais été confronté, mais qu'il pourrait anticiper avec crainte. Une autre façon d'identifier les situations anxiogènes de votre enfant (les situations qui provoquent de l'anxiété), consiste à reconnaître les signes qui indiquent que votre enfant est anxieux (plaintes somatiques, tremblements, évitement, crises, pleurs, excitation, s'accroche à vous…). Ainsi, chaque fois que vous remarquerez que votre enfant est anxieux, il sera plus facile d'observer quelle situation cause cette réaction chez lui. Il peut s'agir de situations auxquelles il est réellement confronté, ou de situations qu'il anticipe.

2. Évaluer comment votre enfant perçoit les situations qui lui font peur.

Afin que votre enfant arrive à remettre en question sa perception exagérée du danger, il faut qu'il identifie ses pensées se rapportant aux choses qui le rendent anxieux. Il doit identifier le contenu de son discours intérieur. Les enfants d'âge préscolaire et même plusieurs du début de l'âge scolaire (de 5 à 8 ans) auront beaucoup de difficultés avec cette étape, parce qu'elle est abstraite. Souvent, ils n'ont pas encore la maturité intellectuelle et le vocabulaire nécessaires pour clairement exprimer leurs pensées et leurs émotions. Si c'est le cas de votre enfant, n'insistez pas et ne le disputez pas pour sa difficulté à répondre à cet exercice. Vous pouvez quand même appliquer les autres stratégies d'intervention, mais il vous faudra de la patience pour utiliser une approche très graduelle. Si vous pensez que votre enfant sera capable d'identifier ses pensées anxiogènes, vous pouvez l'aider en lui posant les questions suivantes.

a. Quelle est la pire chose qui peut arriver?

b. Quelles sont les chances, les probabilités que ça arrive?

c. Es-tu capable de bien réagir si ça arrive?

d. Quelles sont les conséquences possibles si ça se produit?

Selon les règles de l'art, un thérapeute ne doit pas donner les réponses toutes faites à son client. C'est le client qui fait le travail. Toutefois, je donne toujours une petite chance aux enfants, car cet exercice n'est pas facile pour eux. Un peu comme un test d'évaluation psychologique, je fais souvent suivre ces questions d'un choix de réponses pour les aider à identifier leurs pensées, surtout lors des premiers exercices d'identification des pensées, quand ils ne sont pas encore habitués à cette technique. De plus, en tant que parent, nul ne connaît votre enfant mieux que vous. Vous êtes le mieux placé pour le guider subtilement dans le choix de ses réponses.

3. Informer votre enfant sur les choses qui lui font peur.

Par exemple, si votre enfant a peur des animaux, il est important de lui donner de l'information sur les animaux, que ce soit par des livres, des documentaires ou encore des visites à l'animalerie… S'il a peur de ses symptômes physiques, vous pouvez l'informer sur le fonctionnement normal du corps humain. Utilisez votre imagination… les bibliothèques, les librairies, les encyclopédies et Internet peuvent vous fournir toute l'information nécessaire sur les sujets qui touchent votre enfant. Non seulement l'information l'aidera à adopter dans le futur un discours intérieur plus réaliste, mais elle le préparera également à affronter ses peurs (voir la dernière étape de ce chapitre). En fait, obtenir de l'information sur ce qui nous fait peur, c'est déjà une preuve que nous voulons prendre le problème en main et que nous ne voulons plus être pris dans le piège de l'évitement!

4. Aider votre enfant à remettre en question ses pensées.

Maintenant que l'enfant a identifié ses pensées par rapport à certaines situations, il doit évaluer si ces pensées sont exagérées ou réalistes. Je dis souvent à mes jeunes clients, pour qu'ils comprennent ce qu'ils doivent faire, qu'ils doivent jouer au détective avec leurs pensées, comme s'ils faisaient une enquête! L'enfant doit trouver des preuves qui appuient ses pensées et des preuves qui ne les appuient pas et même des preuves qui contredisent ses pensées. Le fait d'avoir franchi l'étape 3 (être informé) aidera l'enfant à identifier les preuves pour ou contre sa pensée. En fait, il doit comprendre la chaîne d'événements suivante : les situations provoquent les pensées, et à leur tour, LES PENSÉES CAUSENT LES ÉMOTIONS. Lorsque l'émotion suscitée par la pensée est l'anxiété, le comportement qui suit est souvent l'évitement. L'enfant comprendra ainsi que s'il remet en question sa façon d'interpréter les situations, cela pourra l'aider à diminuer son anxiété et, par le fait même, l'aider à ne plus éviter. Voici des questions que votre enfant peut se poser pour mieux jouer son rôle de détective de ses pensées :

a. Et puis, si le pire arrivait, qu'est-ce que je pourrais faire pour bien affronter la situation?

b. Est-ce qu'il y a des avantages à tirer de cette situation?

c. Est-ce qu'il y a une autre façon plus positive de voir la situation?

d. Au lieu de me concentrer sur les éléments de danger, est-ce que je peux identifier les éléments de sécurité autour de moi?

e. Combien de fois ai-je réellement été confronté à ce danger? Est-ce qu'il est possible que j'exagère les probabilités que le danger se produise?

f. La dernière fois que je me suis inquiété par rapport à cette situation, qu'est-il réellement arrivé?

g. Est-ce qu'il y a des possibilités que j'oublie (d'autres conséquences que celles anticipées)?

5. Utiliser des techniques de relaxation (respiration, relaxation musculaire).

Les techniques de relaxation ne fonctionnent pas pour tout le monde… Certains ont l'impression d'être en danger lorsqu'ils relaxent, parce qu'ils ne sont pas en état de vigilance par rapport à ce qui les entoure. C'est comme si la relaxation leur enlevait un bouclier de protection. Pour d'autres, les techniques de relaxation sont aidantes, puisque l'état de relaxation est contraire à l'état de perpétuelle tension dans lequel ils sont. Il peut être bon de faire ces exercices avant et après les séances de remise en question des pensées. En effet, nous détendre et prendre du recul avant de réfléchir objectivement aux probabilités des différents dangers que nous anticipons peut rendre la réflexion plus efficace.

Il existe deux exercices principaux qui peuvent permettre de relaxer : la respiration diaphragmatique et les exercices de relaxation musculaire. Le premier exercice de respiration consiste à prendre de longues et profondes inspirations et d'en faire tout autant pour l'expiration! Afin de vous assurer de respirer assez profondément, placez une main sur votre ventre, et l'autre sur votre poitrine. Vous êtes certain d'inspirer assez profondément lorsque votre ventre gonfle et non votre poitrine. Il faut inspirer par le nez. Vous avez expiré assez profondément lorsque votre ventre est complètement dégonflé… ce n'est pas très élégant de jouer avec votre ventre de cette façon, mais c'est relaxant! D'ailleurs, si cela s'appelle la « respiration diaphragmatique », c'est parce que lorsque cette technique est appliquée correctement, les profondes inspirations font en sorte que l'air se rend jusqu'au diaphragme, qui pousse légèrement les organes vers l'abdomen… qui se gonfle. Donc, lorsque vous inspirez et que votre ventre gonfle au lieu de votre poitrine, cela signifie que l'air se rend jusqu'à votre diaphragme. Afin de vous assurer d'inspirer assez longuement, vous devez inspirer pendant trois VRAIES secondes. Pour éviter que votre enfant compte 1-2-3 vite, vite, vite, faites-lui compter des éléphants : un é-lé-phant, deux é-lé-phants, trois é-lé-phants. Ça l'amusera, tout en ralentissant son rythme d'inspiration. L'expiration doit également durer les mêmes trois longues secondes.

La relaxation musculaire vise à atteindre un état de détente en diminuant la tension musculaire. Les professionnels utilisent souvent la technique de Jacobson, qui fait tendre et détendre chaque groupe de muscles, un à la fois. Cette technique prendra environ 20 à 30 minutes de votre temps. Il faut vous assurer de choisir un endroit confortable et calme où vous ne risquez pas d'être dérangé (éteignez vos cellulaires s'il vous plaît!). Choisissez un endroit où vous et votre enfant vous sentirez en sécurité. Il serait bon de vous assurer que votre enfant connaît les différentes parties de son anatomie, notamment, les coudes, les poings, les mollets, les chevilles, le torse, les épaules, les omoplates, la poitrine et la nuque. Vous pouvez même lui montrer comment faire les mouvements avant de lui demander de faire l'exercice de relaxation musculaire les yeux fermés. Certaines cassettes de relaxation musculaire sont offertes sur le marché. Mais votre enfant risque d'apprécier davantage que vous lui lisiez vous-même, de votre voix la plus douce, les instructions suivantes :

- Installe-toi sur le dos, les bras de chaque côté du corps, les jambes droites et les paupières fermées.

- Commence par respirer len-te-ment, ré-gu-liè-re-ment. Tente de respirer par le ventre, comme lorsque tu comptes les éléphants! Ensuite, expire len-te-ment, en t'imaginant que tous tes tracas sortent de ton corps.

- Concentre-toi sur le bras avec lequel tu dessines. Plie le coude, colle ton bras le long de ton corps et serre fortement le poing. Serre les muscles de ton bras pendant six secondes 1… 2… 3… 4… 5… 6… puis relâche complètement, tout d'un coup, comme si tu étais un petit robot dont on retire la pile! Remarque la différence entre ton bras serré et ton bras détendu, respire len-te-ment. Détends-toi quelques secondes et… recommence avec le même bras. Plie le coude, colle ton bras le long de ton corps et serre fortement le poing. Serre les muscles de ton bras pendant six secondes 1… 2… 3… 4… 5… 6… puis relâche complè-tement. Remarque à quel point ton bras est détendu…

- Maintenant, fais la même chose avec l'autre bras. Plie le coude, colle ton bras le long de ton corps et serre fortement le poing. Serre les muscles de ton bras pendant six secondes 1… 2… 3… 4… 5… 6… puis relâche complètement, tout d'un coup! Remarque la différence entre ton bras serré et ton bras détendu, respire len-te-ment. Détends-toi quelques secondes et… recommence avec le même bras. Plie le coude, colle ton bras le long de ton corps et serre fortement le poing. Serre les muscles de ton bras pendant six secondes 1… 2… 3… 4… 5… 6… puis relâche complètement. Remarque à quel point ton bras est détendu…

- Maintenant, fais la même chose avec ton visage. Concentre-toi sur les muscles de ton visage. Maintenant, tu vas faire une drôle de grimace, tout en gardant tes yeux fermés. Lève les sourcils vers le haut, plisse le nez comme quand ça sent mauvais et tire les coins de ta bouche comme si tu voulais faire le sourire le plus large du monde. Tiens ta grimace pendant six secondes 1… 2… 3… 4… 5… 6… puis relâche… repose tes joues, tes yeux, ton menton. Remarque la différence entre la sensation de ton visage en grimace et celle de ton visage détendu. Détends-toi quelques secondes et… recommence! Lève les sourcils vers le haut, plisse le nez et tire les coins de ta bouche. Tiens ta grimace pendant six secondes 1… 2… 3… 4… 5… 6… puis relâche… repose tes joues, tes yeux, ton menton. Détends-toi!

- Maintenant, concentre-toi sur les muscles de ton cou et de ta gorge. Contracte tes muscles en poussant ton menton vers ta poitrine tout en étirant l'arrière de ton cou comme s'il était tiré par une corde vers le haut. Tiens cette position pendant six secondes 1… 2… 3… 4… 5… 6… puis relâche d'un coup… repose tes épaules et ton cou. Remarque la différence entre ton cou tendu et ton cou détendu. Détends-toi quelques secondes et… recommence! Contracte tes muscles en poussant ton menton vers ta poitrine tout en étirant l'arrière de ton cou vers le haut. Tiens cette position pendant six secondes 1… 2… 3… 4… 5… 6… puis relâche d'un coup… repose tes épaules et ton cou. Détends-toi!

- Maintenant, concentre-toi sur les muscles de ton torse, ta poitrine, ton dos, tes muscles dans ton ventre… inspire profondément et retiens ton souffle puis… contracte tes muscles, essaie de faire rejoindre tes deux épaules (omoplates) dans ton dos et durcis ton ventre en le rentrant. Contracte pendant six secondes 1… 2… 3… 4… 5… 6… puis relâche complètement en expirant. Repose tous les muscles de ton torse. Remarque la différence entre ton torse tendu et ton torse détendu. Détends-toi quelques secondes et… recommence! Inspire profondément, retiens ton souffle puis… contracte tes muscles, essaie de faire rejoindre tes épaules (omoplates) dans ton dos et rentre ton ventre. Contracte pendant six secondes 1… 2… 3… 4… 5… 6… puis relâche complètement en expirant. Repose tous les muscles de ton torse. Détends-toi!

- Maintenant, concentre-toi sur ta jambe droite. Sens ta cuisse, ton mollet et ton pied… jusqu'au bout des orteils! Lève ta jambe et pointe tes orteils comme pour toucher quelque chose le plus loin que tu le peux. Contracte pendant six secondes 1… 2… 3… 4… 5… 6… puis relâche complètement. Relaxe ta jambe étendue, fais tourner légèrement ta cheville. Remarque la différence entre ta jambe tendue et ta jambe détendue. Détends-toi quelques secondes et… recommence! Lève ta jambe et pointes tes orteils. Contracte pendant six secondes 1… 2… 3… 4… 5… 6… puis relâche complètement. Relaxe ta jambe étendue. Détends-toi!

- Maintenant, concentre-toi sur ta jambe gauche. Sens ta cuisse, ton mollet et ton pied… jusqu'au bout des orteils! Lève ta jambe et pointe tes orteils comme pour toucher quelque chose le plus loin que tu le peux. Contracte pendant six secondes 1… 2… 3… 4… 5… 6… puis relâche complètement. Relaxe ta jambe étendue, fais tourner légèrement ta cheville. Remarque la différence entre ta jambe tendue et ta jambe détendue. Détends-toi quelques secondes et… recommence! Lève ta jambe et pointe tes orteils. Contracte pendant six secondes 1… 2… 3… 4… 5… 6… puis relâche complètement. Relaxe ta jambe étendue. Détends-toi!

- Pendant deux minutes, relaxe et profite de ce moment de détente complète. Inspire par le nez len-te-ment, puis expire par la bouche len-te-ment. Inspire 1… 2… 3… expire 1… 2… 3…, inspire 1… 2… 3… expire 1… 2… 3…, inspire 1… 2… 3… expire 1… 2… 3…, inspire 1… 2… 3… expire 1… 2… 3…, inspire 1… 2… 3… expire 1… 2… 3…

- Réveille-toi tout doucement en commençant par bouger lentement tes pieds et tes jambes. Puis, bouge doucement tes mains et tes bras. Enfin, bouge doucement la tête et ton cou. Ouvre tes yeux quand tu te sentiras prêt.

Évidemment, il existe plusieurs autres activités pour se détendre : la lecture, les sports, un bon bain chaud, une musique douce, une marche en plein air, les arts (dessin, peinture), le yoga, le tai-chi… Ces activités peuvent vous détendre psychologiquement, mais elles ne parviendront peut-être pas toujours à vous relaxer d'une façon aussi complète que les exercices de respiration diaphragmatique et de relaxation musculaire, surtout si les activités se font à l'extérieur de votre foyer, en compagnie d'inconnus. Par contre, lorsque vous et votre enfant maîtriserez mieux votre anxiété, ces activités pourraient être suffisantes, durant les moments où vous ne vivrez pas trop de stress.

6. Orienter votre enfant vers des solutions

Lorsqu'un enfant s'inquiète ou a peur, il ne suffit pas toujours de le rassurer. Comme les enfants anxieux ont un faible sentiment de compétence personnelle, il est essentiel de leur apprendre à s'orienter vers des solutions au lieu de ruminer des inquiétudes. Pour améliorer leur sentiment de compétence personnelle, il faut leur apprendre les étapes de la résolution de problèmes :

1. Bien identifier la situation problématique, ou à première vue dangereuse.
2. Imaginer un maximum de solutions, même les plus folles!
3. Peser le pour et le contre de chaque solution trouvée.
4. Choisir une solution.
5. Appliquer la solution (prévoir où, quand, comment, dans quelles circonstances…).
6. Pratiquer la solution si elle est pour un danger peu probable (ex. : exercice d'évacuation en cas d'incendie).

Cette stratégie de s'orienter vers les solutions peut également inclure le fait de trouver des éléments de prévention. Ainsi, l'enfant ne se concentrera pas seulement sur les éléments de danger qui l'entourent, mais également sur les éléments de sécurité.

7. Faire une exposition graduelle et de l'autorenforcement.

Il s'agit de l'étape ultime de l'intervention pour l'anxiété, qui consiste à affronter ses peurs! Il ne s'agit pas d'un mythe, c'est bel et bien une solution efficace! Par contre, il faut retenir le mot « graduelle » dans le titre de cette section! Il faut respecter le rythme de l'enfant dans cette stratégie. Si vous poussez trop l'enfant sans respecter son rythme, il risque d'abandonner la stratégie d'exposition en ayant un sentiment d'échec, ce qui n'aidera pas son sentiment de compétence personnelle. Donc, ne faites pas comme le papa d'Alexis au chapitre 1!

Le principe de l'exposition est simple... il s'agit de cesser le comportement d'évitement qui contribue à maintenir l'anxiété. En s'exposant au rythme de petits pas, l'enfant apprendra que la situation qu'il évitait n'était pas si dangereuse, et il augmentera progressivement son sentiment de compétence personnelle, puisqu'il réussira des petits défis. Le diagramme suivant indique que lors d'une première séance d'exposition, l'anxiété monte très haut. Par contre, si nous restons dans la situation malgré l'anxiété élevée, l'anxiété redescend d'elle-même, au fur et à mesure que nous réalisons que le danger anticipé ne survient pas. Ensuite, il faut répéter l'exercice d'exposition. Comme nous avons réussi une première fois, l'anxiété ne montera pas à un niveau aussi élevé que lors de la première séance d'exposition. Comme la situation est quand même relativement nouvelle pour l'enfant, l'anxiété monte quand même, puis redescend, si l'enfant reste dans la situation jusqu'au bout de l'exercice. Vous comprendrez ensuite qu'il faut répéter, répéter et répéter le même exercice, jusqu'à ce que l'anxiété ne monte presque plus pendant l'exposition.

L'effet de l'exposition

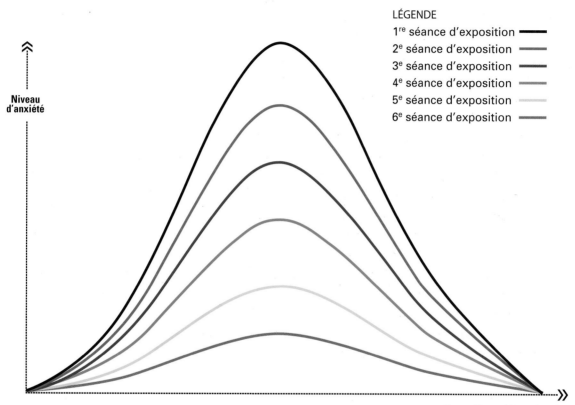

LÉGENDE

1re séance d'exposition
2e séance d'exposition
3e séance d'exposition
4e séance d'exposition
5e séance d'exposition
6e séance d'exposition

Niveau
d'anxiété

Temps d'exposition volontaire

67

Pour faire un bon plan d'exposition graduelle, il faut procéder par étapes.

1. Il faut lister les situations évitées par la personne anxieuse, et lui faire évaluer le niveau d'anxiété ressenti par rapport à ces situations de 0 à 10, 10 étant le niveau maximal d'anxiété. S'il s'agit d'un jeune enfant, vous pouvez lui faire dessiner les situations qui lui font peur et qu'il tente d'éviter. En fait, juste le fait de dessiner ces situations peut déjà être une forme d'exposition! Avec de la gommette, placez un petit thermomètre de carton sur chaque dessin et demandez à l'enfant d'indiquer son niveau d'anxiété pour chaque situation dessinée. Il peut colorier le mercure dans le thermomètre.

Liste de situations évitées

Situation	Niveau d'anxiété (de 0 à 10)
1.	( )
2.	( )
3.	( )
4.	( )
5.	( )
6.	( )
7.	( )
8.	( )
9.	( )
10.	( )

Pour les plus jeunes, dessin illustrant les situations qui font peur (exemple)

2. Pour motiver l'enfant à participer aux séances d'exposition, l'autorenforcement est souvent nécessaire. Il permet de contrer les pannes de motivation de dernière minute. Si les renforcements sont prévus à l'avance, l'enfant pourra s'automotiver pendant qu'il gravira les marches de son escalier d'exposition (voir étapes suivantes).

Voici l'espace requis pour prévoir les renforcements de l'enfant.

Les choses qui me font plaisir

Objets, matériel, cadeaux (faire la liste ou dessiner) :	Activités amusantes que je peux faire seul :	Activités amusantes en famille :

Commentaires ou compliments de la part de mes parents : _____

_____

3. Tracez un escalier (voir page suivante pour exemple) et placez une situation anxiogène sur chaque marche, en ordre croissant d'anxiété ressentie ou anticipée. Sur les premières marches, au bas de l'escalier, vous placerez les situations les moins anxiogènes, donc les plus faciles à affronter, et sur les dernières marches, placez les plus difficiles à affronter. Pour chaque marche, il faut également prévoir une pensée réaliste (voir restructuration de pensées). Le but est de rappeler à l'enfant qu'à chaque exercice d'exposition, il doit se souvenir de la remise en question de ses premières pensées anxiogènes et des pensées plus réalistes qui en ont résulté. Il peut être utile d'aider l'enfant à adopter un discours intérieur rassurant pendant l'exposition. Attention! Il ne s'agit pas qu'il se change seulement les idées ou qu'il répète des pensées positives auxquelles il ne croit pas vraiment. Ce serait de l'évitement par la pensée! Il faut simplement refaire les exercices de remise en question de ses pensées. Il faut procéder encore plus graduellement pour respecter son rythme. Enfin, pour chaque marche, il faut prévoir un renforcement représenté par un cadeau, afin de motiver l'enfant à participer à sa séance d'exposition.

10.

9.

8.

7.

6.

5.

4.

3.

2.

1.

10. Situation :

Pensée :

9. Situation :

Pensée :

8. Situation : Pensée :

7. Situation : Pensée :

6. Situation : Pensée :

5. Situation : Pensée :

4. Situation : Pensée :

3. Situation : Pensée :

2. Situation : Pensée :

1. Situation : Pensée :

71

4. Pour chaque situation à laquelle l'enfant devra s'exposer, pour chaque marche de l'escalier, il faut parfois prévoir des sous-étapes, une subdivision de l'objectif en petits objectifs. Par exemple, si l'enfant a peur des chiens et que la première situation est de flatter un petit caniche, le premier sous-objectif pourrait être d'observer un petit caniche; le deuxième de l'approcher lorsqu'il est en laisse; le troisième de laisser le caniche en laisse le sentir; le quatrième de flatter le caniche pendant qu'il est en laisse et, enfin, de jouer avec le caniche pendant qu'il est libre dans une maison. Le second objectif pourrait être d'approcher un chien un peu plus gros, jusqu'au Grand Danois! Enfin, le test ultime serait de visiter un parc à chiens en pleine heure de pointe!

5. Après chaque séance d'exposition, il est important de faire le point sur l'évolution de l'anxiété lors de l'exercice… est-ce que, tel que prévu, l'anxiété a monté, puis redescendu? Est-ce que l'anxiété a monté aussi haut que la dernière fois que l'enfant a fait le même exercice? Si l'anxiété n'a pas monté, est-ce que l'enfant est prêt à passer à un exercice un peu plus difficile?

Ma séance d'exposition

Quel exercice d'exposition ai-je tenté de faire?	Sur quelle marche de mon escalier cet exercice se situe-t-il?	Quel était mon niveau d'anxiété (de 0 à 10)…		
		Avant	*Pendant*	*Après*

Comment me suis-je récompensé? _____

Qu'est-ce que j'ai appris (probabilité du danger, conséquences, solutions)? _____

6. Enfin, il faut répéter, répéter et répéter le même exercice jusqu'à ce que l'anxiété reste à un niveau presque nul. ATTENTION À L'ÉVITEMENT DES PENSÉES OU À TOUTE AUTRE FORME D'ÉVITEMENT SUBTIL! Il ne faut pas se changer les idées ou éviter du regard…

Plus l'enfant avancera dans sa hiérarchie d'exposition, plus il prendra confiance en lui et en l'utilité de cette technique. Il réalisera à quel point ses pensées catastrophiques étaient exagérées par rapport à la réalité, ce qui consolidera les premiers exercices de remise en question de ses pensées qu'il aura faits. Certaines personnes qui soignent leur phobie vont même plus loin que la population générale dans l'affrontement de leurs peurs. Par exemple, je n'ai pas une phobie des serpents. Le serpent n'est pas mon animal préféré, mais je ne passe pas mon temps à anticiper d'en rencontrer un! Par contre, quelqu'un qui a une phobie des serpents au point d'éviter les boyaux d'arrosage pourrait suivre une thérapie comportant un volet d'exposition. Si la thérapie se déroule bien, cette personne parviendra à prendre un boa de deux mètres dans ses bras, chose que je ne suis pas sûre de pouvoir faire!

Enfin, n'hésitez surtout pas à chercher de l'aide professionnelle pour vous ou votre enfant si vous avez des difficultés à appliquer ces exercices ou si vous ressentez que vous aurez besoin d'être guidé et soutenu afin d'obtenir de meilleurs résultats.

CHAPITRE 7

Les besoins des enfants… et les erreurs à éviter

Maintenant que l'anxiété vous est beaucoup plus familière, vous n'aurez pas de difficulté à comprendre que certaines attitudes parentales favorisant cette émotion sont à éviter. D'abord, il ne faut pas prendre votre enfant en pitié lorsqu'il a peur ou lorsqu'il doit affronter un défi. Le fait d'être perçu comme une victime diminuera sa confiance en lui. D'ailleurs, votre enfant doit sentir que vous avez confiance en sa capacité à affronter des défis, à se relever lorsqu'il tombe ou lorsqu'il a un échec. Ça demande un certain équilibre parce que bien qu'il ne faille pas dramatiser ce qui arrive à votre enfant, il ne faut pas non plus le banaliser. Le discours à adopter à l'égard de l'enfant est plutôt « Je sais que ce n'est pas facile, mais je suis là pour toi et j'ai confiance en ta capacité à surmonter ce défi ».

J'imagine que vous comprenez également pourquoi il est malsain de surprotéger votre enfant! La surprotection correspond à une forme d'évitement pour l'enfant. En le surprotégeant, vous affrontez les défis à sa place, vous l'empêchez de se rendre compte de ses capacités, vous lui transmettez le message que le monde extérieur est dangereux et qu'il ne peut rien accomplir sans votre aide.

D'un autre côté, la négligence ou l'absence de protection peut tout autant provoquer de l'anxiété, surtout si l'enfant vit un traumatisme. Décidément, nous en revenons toujours au fameux équilibre! Il faut savoir choisir les défis que votre enfant peut affronter en fonction de son niveau de développement. S'il a peur, il faut procéder graduellement, en respectant son rythme, sans lui mettre trop de pression. De plus, il ne faut pas oublier de vous assurer de diminuer les risques qu'il vive un traumatisme. Si vous voulez atteindre cet équilibre dans vos attitudes parentales, pourquoi ne pas faire un exercice de restructuration des pensées pour chaque questionnement que vous avez sur les risques et les dangers auxquels votre enfant s'expose en faisant telle ou telle activité? Faire cet exercice permet d'arriver à des pensées moins exagérées et plus réalistes, ce qui devrait vous aider à atteindre un équilibre entre l'encouragement et la protection adéquate dans vos attitudes parentales. N'oubliez pas que si vous appliquez pour vous-même les stratégies du chapitre précédent, de façon explicite devant l'enfant, vous deviendrez un bon modèle de gestion de l'anxiété. Ça vaut de l'or! L'attitude « fais ce que je te dis et ne t'occupe pas de ce que je fais » ne fonctionne jamais!

Parlant d'équilibre, une autre erreur à éviter est de forcer votre enfant à affronter ses peurs n'importe comment! Il ne faut pas se mettre en colère ou rire de lui lorsqu'il a peur. Il va de soi qu'il ne faut surtout pas le traiter de poule mouillée lorsqu'il n'accepte pas de relever un défi que vous lui imposez pour son bien! L'affrontement des peurs doit se faire avec la collaboration de l'enfant, en l'aidant à identifier et à planifier une hiérarchie d'exposition. Ne tentez pas de rendre votre enfant brave en lui faisant faire n'importe quoi et dans n'importe quel ordre. Le but n'est pas de rendre votre enfant téméraire, mais bien de le rendre à la fois confiant ET prudent!

Après avoir appliqué toutes les solutions du chapitre 6, votre enfant maîtrisera sûrement beaucoup mieux son anxiété. Toutefois, il ne faut pas faire l'erreur de penser qu'il est complètement guéri, pour ensuite vous mettre en colère contre lui si jamais son anxiété se manifestait d'une autre façon. Il est possible que même après avoir acquis de bons outils, une personne demeure prédisposée à l'anxiété. Il n'est pas rare de voir des enfants et même des adultes retourner à leurs anciennes habitudes, particulièrement lors de périodes de stress. C'est ce qu'on appelle « la rechute »! En fin de thérapie, nous révisons toutes les stratégies apprises afin de faire ce qu'on appelle dans notre jargon de psychologue « une consolidation des acquis ». Il s'agit en fait d'une prévention de la rechute. Nous disons au client qu'il est possible et même presque certain que son anxiété refasse un jour surface. Dans ce cas, il faut se dire que « si mes outils ont fonctionné une fois, il n'y a pas de raison pour qu'ils ne fonctionnent pas une deuxième fois »!

Le phénomène de la rechute est parfois difficile à faire comprendre ou à faire accepter aux enfants, surtout lorsqu'ils ont hâte de terminer leurs stratégies d'intervention pour pouvoir passer à autre chose! Quand je vois des enfants anxieux en thérapie, je leur explique souvent que l'anxiété est comme une petite roue qui tourne dans leur tête. Je ne peux pas enlever cette roue, mais les outils qu'ils ont appris à utiliser en thérapie sont comme une deuxième petite roue que l'on ajoute dans leur tête... elle tourne dans le sens inverse de la première. Ils peuvent conserver une certaine vulnérabilité à l'anxiété, mais ils savent maintenant quoi faire avec cette émotion, afin qu'elle ne contrôle pas leur vie.

Dès qu'ils comprennent les effets pervers de l'évitement, qu'ils savent comment identifier leurs signes d'anxiété, comment restructurer leurs pensées, comment adopter un discours intérieur plus réaliste, comment relaxer... les enfants redeviennent en pleine possession de leurs moyens. À ce moment, je leur dis que si la vie était une voiture, ce serait eux qui seraient derrière le volant à présent, et non l'anxiété!

Conclusion

Ouf! J'espère ne pas vous avoir trop saturé d'informations scientifiques! Si le contenu des précédents chapitres est si précis, c'est parce que les résultats des recherches sur les troubles d'anxiété le sont aussi. En fait, l'avenir en matière de traitement des troubles d'anxiété s'annonce prometteur. Les techniques d'intervention suggérées dans ce livre se sont avérées très efficaces pour aider les personnes aux prises avec des peurs irrationnelles. Il n'y a pas si longtemps, ces techniques étaient surtout réservées aux adultes. Mais, ces dernières années, plusieurs chercheurs en psychologie se sont efforcés d'adapter ces stratégies d'intervention afin que nous puissions les utiliser avec les enfants et il semble qu'elles soient aussi efficaces chez les enfants, surtout lorsque les parents sont impliqués dans le processus. VOUS partagez le quotidien de votre enfant, VOUS connaissez mieux que quiconque les signes indiquant qu'il est anxieux. Vous êtes donc le mieux placé pour l'aider quotidiennement!

Afin de vous prouver que l'avenir est prometteur en termes de thérapie pour l'anxiété, laissez-moi vous annoncer que la technologie d'aujourd'hui permet même aux thérapeutes d'être de plus en plus créatifs dans leurs stratégies d'intervention liées à cette problématique… Vous le parent qui n'en peut plus des jeux vidéo, ouvrez bien votre esprit… Certains chercheurs intègrent la technologie de la réalité virtuelle aux exercices d'exposition! Ainsi, quelqu'un qui a peur des hauteurs peut se balader sur les poutres du 40e étage d'un immeuble en construction… en réalité virtuelle. La sensation de peur et de vertige est bien réelle, même si le danger ne l'est pas! De même, quelqu'un qui souffre de phobie sociale peut s'exposer à un auditoire dont le nombre de participants serait contrôlé par le thérapeute tout comme leur expression faciale démontrant leur niveau d'intérêt…, en réalité virtuelle! Décidément, on n'arrête pas le progrès!

Par contre, il reste encore du travail à faire, notamment du côté de la prévention et de l'intervention en bas âge. En effet, ces dernières années, nous avons beaucoup entendu parler du Ritalin et du trouble de déficit d'attention avec hyperactivité. En fait, il est normal que nous nous questionnions plus rapidement sur les comportements des enfants qui dérangent. Par contre, les enfants qui sont aux prises avec un problème d'anxiété souffrent en silence et passent souvent inaperçus. Comme vous le savez à présent, la plupart ont un tempérament inhibé et sont plutôt introvertis. Ils ne sont pas toujours identifiés comme des enfants ayant besoin d'aide à l'école, puisque l'école identifie plus rapidement les « tannants » et avec raison, car ces derniers dérangent tous les autres élèves de leur classe! De plus, plusieurs études indiquent que les adultes qui consultent pour un problème d'anxiété pour la première fois en souffrent souvent depuis l'enfance ou l'adolescence.

Lorsqu'ils arrivent dans nos bureaux de psychologues, ces adultes ont déjà développé de nombreuses stratégies d'évitement qui maintiennent leur problème. Donc, au moment où ils consultent, leur sentiment d'efficacité personnelle est à son plus faible et leurs habitudes d'évitement sont extrêmement solides et subtiles.

De plus, l'anxiété non traitée entraîne des conséquences négatives pour l'individu et la société en général. Nous n'avons qu'à penser aux conséquences de ces troubles telles que l'automédication par l'usage de drogues ou d'alcool, le sentiment d'impuissance qui dégénère parfois en dépression, l'absentéisme au travail ou à l'école, les consultations médicales, les problèmes relationnels…

Décidément, avec toutes les connaissances que nous avons maintenant sur l'anxiété, il est grandement temps que nous nous concentrions sur la prévention de l'anxiété et sur l'identification des troubles anxieux en bas âge. Ce livre a donc pour but de vous transmettre toutes ces informations, toutes ces connaissances à VOUS le parent. Après tout, en vivant à tous les jours avec votre enfant, c'est vous qui avez le plus grand pouvoir de prévention!

Quelques ressources utiles pour les parents…

LES HÔPITAUX ET LES CLSC
Les CLSC constituent LA ressource locale par excellence pour obtenir de l'aide. On peut y évaluer votre situation familiale et ensuite vous orienter vers les services appropriés accessibles dans votre communauté. En cas de situation de crise, vous pouvez également consulter le centre hospitalier de votre région où des équipes multidisciplinaires peuvent prendre les problèmes plus lourds en charge, que ce soit au département psychiatrique ou encore en consultation en clinique externe.

LIGNE TÉLÉPHONIQUE ET INFORMATIONS POUR PARENTS
Dans les moments difficiles, il peut être utile de pouvoir parler à quelqu'un d'objectif, qui a du recul par rapport à notre situation. Obtenir de l'information sur la santé des enfants est tout aussi efficace, car parfois, les problèmes de santé physique peuvent affecter les émotions des enfants.

- Ligne Parents (en tout temps) : 1 800 361-5085; 514 288-5555

- La Parenterie 514 385-6786

- Centre d'information sur la santé de l'enfant de l'Hôpital Sainte-Justine : 514 345-4678

LIGNE TÉLÉPHONIQUE POUR LES ENFANTS ET LES ADOLESCENTS
Les enfants aussi peuvent parfois avoir besoin de parler à quelqu'un d'objectif… cette ressource est excellente!

- Tel-Jeunes (en tout temps) : 1 800 263-2266; 514 288-2266

Le centre de référence du Grand-Montréal

Pour les gens de la région montréalaise et les environs, cette ressource permet de trouver TOUTES les ressources... ou presque! C'est un numéro précieux à conserver.

- 514 527-1375

Ordre des psychologues du Québec

Pour ceux qui souhaitent consulter un psychologue en pratique privée, l'Ordre des psychologues du Québec offre un service de référence vous permettant de trouver un psychologue en fonction de son domaine d'expertise et de la région où il pratique. Le site Internet est également très intéressant et vous informe sur les différentes approches en psychologie.

Le service de référence téléphonique est ouvert du lundi au vendredi, de 8 h 30 à 16 h 30
- 514 738-1223
- 1 800 561-1223
- www.ordrepsy.qc.ca

Cliniques Universitaires de services psychologiques

Peu de gens connaissent cette forme de service... Les cliniques universitaires de services psychologiques peuvent vous venir en aide car elles offrent des services d'évaluation psychologique et de thérapie à prix modique. Les services sont offerts par des étudiants stagiaires au doctorat en psychologie. Ils sont supervisés étroitement par des psychologues d'expérience. Les étudiants font souvent preuve d'un grand professionnalisme et feront beaucoup d'efforts pour vous aider, d'une part parce qu'ils sont évalués à la fin de leur stage, et d'autre part parce qu'ils sont jeunes et ils ont le feu sacré de la profession... ils ont hâte de mettre en pratique ce qu'ils apprennent depuis plusieurs années sur les bancs d'école!

Centre de services psychologiques de l'Université du Québec à Montréal
- 514 987-0253
- http://www.psycho.uqam.ca/D_CSP/CSP.html

Clinique universitaire de psychologie de l'Université de Montréal

- 514 343-7725
- http://www.psy.umontreal.ca/dept/service.html

Service d'orientation et de consultation psychologique de l'Université de Montréal

- 514 343-6853
- www.socp.umontreal.ca

Service de consultation de l'École de Psychologie de l'Université Laval

- 418 656-5460
- http://www.psy.ulaval.ca/SCEP.html

Clinique universitaire de psychologie de l'Université du Québec à Chicoutimi

- 418 545-5024
- http://www.uqac.ca/administration_services/cup/index.php

Centre universitaire de services psychologiques de l'Université du Québec à Trois-Rivières

- 819 376-5088
- https://oraprdnt.uqtr.uquebec.ca/pls/public/gscw031?owa_no_site=134&owa_no_fiche=1&owa_apercu=N&owa_bottin=&owa_no_fiche_dev_ajout=-1&owa_no_fiche_dev_suppr=-1

Centre d'intervention psychologique de l'Université de Sherbrooke (pour 18 ans et plus seulement)

- 819 821-8000 (poste 3191)
- http://www.usherbrooke.ca/psychologie/cipus/cipus.html

Centre de services psychologiques de l'Université d'Ottawa

- 613-562-5289
- http://www.socialsciences.uottawa.ca/psy/fra/csp.asp

ASSOCIATIONS ET REGROUPEMENTS

Plusieurs associations et regroupements offrent de l'aide aux personnes anxieuses. Il peut être intéressant de consulter ces ressources, ne serait-ce que pour être mis en contact avec un bon thérapeute, pour recevoir de l'information ou pour partager votre expérience avec d'autres personnes anxieuses. Cela peut être utile pour briser l'isolement et pour ne plus vous sentir seul avec de l'anxiété ou avec un enfant anxieux.

Association des troubles anxieux du Québec (ATAQ)

- 514 251-0083
- http://www.ataq.org

AMI-Québec (Montréal)

- 514 486-1448
- http://www.amiquebec.org/index.html

Association des agoraphobes de Sept-Îles (Sept-Îles)

- 418 968-1964

La ressource ATP (Anxiété Trouble Panique) (Laval)

- 450 575-4041
- http://www.laressourceatp.cam.org

Groupe Entraide Mieux-Être (GEME) (Rive-Sud de Montréal)

- 450 462-4363
- http://www.geme.qc.ca

Groupe de Ressources pour le Trouble Panique (Chicoutimi)

- 418 547-1333

L'Autre-Rive (Sherbrooke)

- 819 564-4691
- http://www.abacom.com/~lautrive/

La Clé des Champ (Montréal)

- 514 334-1597
- http://www.lacledeschamps.org

Phobie-Zéro (Rive-Sud de Montréal)

- 450 922-5964
- http://www.phobies-zero.qc.ca

Revivre ou ADMD (Association québécoise de soutien aux personnes souffrant de troubles anxieux, dépressifs ou bipolaires) (Montréal)

- 514 738-4873
- 1 800 738-4873
- http://www.revivre.org